Sei einfach, einfach du selbst

Wolfgang Brenneisen

hat Bücher geschrieben
und Ausstellungen gemacht.

Lyrikbände:
- Von den Schauplätzen, Eric van der Wal, 1985
- Da hörten wir Friedel Sturm jauchzen,
  Eremiten-Presse 1986
- Also, die Kohle stimmt, MaroVerlag 1988

Weitere Informationen unter:
https://de.wikipedia.org/wiki/Wolfgang_Brenneisen
https://brenneisen-philosophy.jimdofree.com/

Wolfgang Brenneisen

Sei einfach, einfach du selbst!

15 Gedichte

Herstellung und Verlag:
BoD – Books on Demand, Norderstedt
ISBN 9783750492684

Inhalt

Unaufhaltsam 7

Wie der Dichter ein Pizza-Gedicht schrieb 8

Die oberste Etage 9

Sei einfach du selbst 10

Der Zeitgeist 11

Frage eines essenden Arbeiters 12

Mensch 13

Von der Nächstenliebe 14

SuperStars 15

Wendepunkt 16

Winter 18

Es war einmal 19

Die Chance als Krise 20

Während wir noch diskutieren 21

Und dann 23

Unaufhaltsam

Die Poesie ist nicht aufzuhalten.
Keimend bricht sie aus den Kartoffeln.
Sie schimmelt sich listig durch dicke Wände.
Möwen, von Poesie befallen,
fahren kreischend hoch.
Lokomotivführer schwitzen rußige Verse aus.
Was dem Kinde sein Bäuerchen,
ist dem Manne die Poesie.
Von Poesie getroffen,
fangen Spaziergänger an zu rasen.
Ja, am Ende haut sie uns alle um,
und angenehm bekifft, stolpern wir in das Dings,
das Elysium.

Ein Pizza-Gedicht

Als sich der Dichter
über die Pizza hermachte,
nahm er
das Wort Tomatenscheibe
für die Tomatenscheiben,
das Wort Wursträdchen
für die Wursträdchen
und das Wort Kruste
für die Knusperkruste.
Mit dem Ergebnis
war er zufrieden.
Er verkaufte das Produkt
an einen Pizzabäcker
und erhielt als Honorar
na klar
eine Pizza.

Die oberste Etage

Der Vorstand: smart und effizient.
Durchtrainierte Vierziger, die
verstehen sich auf Zahlen und schnelle
Entscheidungen. Am Ende
riss man einem lebenden Hahn
den Kopf ab und spritzte das Blut
in die vier Richtungen. Keiner
glaubte daran, aber die Geschäfte
liefen gut und so blieb man dabei.

Sei einfach du selbst

Sei nicht wie Gerd Grimm!
Sei nicht wie Ebba Nötzel!
Sei nicht wie Thomas Müller!
Sei einfach du selbst!

Sei nicht wie Sam Sung!
Sei nicht wie King Kong!
Sei nicht wie Da Dings!
Sei einfach du selbst!

Es sei, wie ihm wolle,
es wolle, wie ihm sei:
Sei einfach dein Dings.
Mach einfach deinen Bumms.

Der Zeitgeist

Wischen und tippen -
simsen und mailen -
chatten und chillen -
hei dideldumdei!

Labern und daddeln -
brettern und düsen -
baggern und hotten -
hei dideldumdei!

Googeln und maddeln -
wiggern und poofen -
bumsen und shitten -
hei dideldumdei! hi diddledumbdie!

Frage eines essenden Arbeiters

Falafel
Feind
aller Currywurst

Falafel
ändert sich
nie
Falafel
ist

Falafel
isst
Falafel
ist die Antwort

Was aber
ist die Frage?

Mensch!

Mensch, wach auf!
Daddel nicht rum
mit deinem Smartphone!
Lies dieses Gedicht.
Dieses Gedicht ist
kurz, es ist modern,
es hat einen klaren Sinn.
Dieses Gedicht überanstrengt dich
nicht. Dieses Gedicht ist wie
ein guter Freund.

Von der Nächstenliebe

sing ich gern und lang
und gut. Sie ist nichts
für verschlagene Leute,
die kalt und herzlos nur
den eignen Vorteil suchen.

Die Nächstenliebe ist ein süßes Mus,
das angenehm den Schlund
hinunterrinnt, den Magen füllt
und wärmt.

Komm her, ich schiebe
dir was rüber: Das ist
Nächstenliebe! Nimm
dir ein Teil.

Doch nicht zu viel!
Die Nächstenliebe ist
ein rares Gut, sie reicht
nicht weit. Sie reicht
gerade noch für dich,
gerade noch für heute.

SuperStars

Edward Mörike am
Keyboard, ganz sachte und
zart. Grabbe im
schwarzen Speckleder,
bearbeitet die Drums,
schwitzt, flucht. Heine
am Bass, treibt weiter –
Mann, wie das swingt!
Das war der legendäre
Auftritt im StarClub
und dann jeder für sich,
eigenes Label und einander
spinnefeind..

Wendepunkt

Als JOSÉ ALVARADO, Bürger
der REPÚBLICA DE GUATARAGUA,
am dreiundzwanzigsten Januar
um Mitternacht aus dem Fenster blickte,
sah er einen riesigen Raben
mit einem riesigen Schnabel.
Der Rabe fixierte JOSÉ und
sprach die geflügelten Worte:
VENCEREMOS! OLÉ!
Da beschloss JOSÉ ALVARADO,
Politiker zu werden und
trat vor die Tür seines Hauses.
Der Rabe fixierte JOSÉ,
pickte ihn dann einfach weg und
sprach die geflügelten Worte:
NADA! NADA! NADA!
Vielleicht war es gut so, denn
JOSÉ ALVARADO hatte einen
schlechten Charakter und hätte
die REPÚBLICA DE GUATARAGUA
glatt ruiniert. So blieb alles
beim Alten und die Bürger wurden
nicht müde zu rufen:

VIVA EL PRESIDENTE! OLÉ!
VIVA EL PRESIDENTE! OJE -

Winter

Der Schnee fliegt
am Fenster vorbei,
weiß und weiß
vor grauem Himmel.
Drinnen die Bienen,
ratlos mit ihren Ansaug-
rüsseln. Ein ganzes Volk
hat Unterschlupf gesucht
in meiner Stube.

Die Königin liegt in meinem
Bett, kraftlos, still.
Majestät, ein wenig Bouillon
wird Ihnen guttun.
Sie aber krümmt ihren
schweren Unterleib
und stirbt. Ein Volk
verwaist, ratlos mit
hängenden Rüsseln.

Draußen fliegt
wie rasend
der weiße Schnee.

Es war einmal

Im Hinterhalt
drapieren sich die Wölfe
mit roten Käppchen.
Der starke Hans
wird in Stellung gebracht.
Noch einmal lauschen
die Geißlein den Worten
des großen Märchenerzählers.
Der Einäugige fängt an.

Und am Ende
schreitet hervor
Gevatter Tod.

Die Chance als Krise

Dieser ganze Lockdaun
ist ein perfider Blockzaun.
Man trippelt sacht und stille –
und kommt nur bis zur Schwille!
Das ist ein solcher Bockmist –
das Leben ist so stocktrist!

Doch ein Mann von Ehre*
starrt nicht nur ins Leere!
Er** schaut in den Himmel
mit seinem Gewimmel:
Es zieht schön nach drüben
und wieder nach hüben,
so sanft, so bunt, so frei –
potztausend und tandaradei!

Das Leben, ihr Tumben und Gaufen,
ist mehr als Fressen und Saufen!
Drum, Mensch, dass du's weißt:
Freiheit heißt GEIST!

alternativ: eine Frau von Ehre

**alternativ: Sie*

Während wir noch diskutieren

Während wir noch diskutieren
ist der Fortschritt
unterwegs, quecksilbrig,
ein robuster Entertainer.
Gutgelaunt schiebt er uns
zur Seite, wie betagte
Bakterien. Der Fortschritt
befindet sich bereits
in der dritten Phase!
Glänzende Lockvögel schlummern
in den Pappkartons.
Einstein würde jetzt
am Strand entlanggehen
und die Riesenquallen
segnen, vor einem baff
staunenden Publikum.
Der Fortschritt kauert
auf seinen mächtigen Hinter-
backen. Mit einem einzigen
Satz setzt er über uns
hinweg.

Und dann

Ein wenig Vulkanismus,
Eiszeit, ein warmes
Meer, das leckt mit
sanfter Zunge
die Berge flach.

Und dann, an einem
klaren, blauen Morgen,
die Ebene, Herrgottnochmal,
so weit und leer.

Und ich am Rand vielleicht,
ein Tier mit Kiemen,
kauernd, starren Blicks
und satt.

Der alte Kopf schon
längst versteint
im Muschelkalk,
blind und gedächtnislos –
der kümmert mich
nicht mehr.

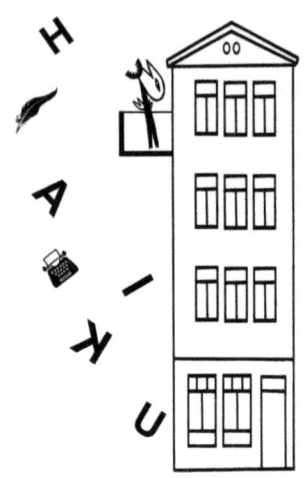

edition imme

Wolfgang Brenneisen
Freunde Friends Venner Amigos
Books on Demand, Norderstedt
ISBN 9783754302781

Wolfgang Brenneisen
Schloss Gottorf - der Skulpturenpark
Books on Demand, Norderstedt
ISBN 9783754310526